IFLA専門報告書第120号

読みやすい図書のためのIFLA指針（ガイドライン）

㊙ 国際図書館連盟特別なニーズのある人々に対する図書館サービス分科会
　　野村美佐子
　　ギッダ・スカット・ニールセン
　　ブロール・トロンバッケ

㊙ 日本図書館協会障害者サービス委員会

㊙ 日本障害者リハビリテーション協会

日本図書館協会

Guidelines for Easy-to-Read Materials
Revision by Misako Nomura, Gyda Skat Nielsen and Bror Tronbacke on behalf of the IFLA/Library Services to People with Special Needs Section
2010 ⓒ International Federation of Library Associations and Institutions
IFLA Professional Report, No.120
The Hague, IFLA Headquarters. 31p, 30cm
ISBN 978-90-77897-42-3　　ISSN 0168-1931

読みやすい図書のためのIFLA指針（ガイドライン）改訂版　／　国際図書館連盟特別なニーズのある人々に対する図書館サービス分科会　野村美佐子，ギッダ・スカット・ニールセン，ブロール・トロンバッケ編　；　日本図書館協会障害者サービス委員会監訳　；　日本障害者リハビリテーション協会訳．―　東京　：　日本図書館協会，2012．―　59p　；　26cm．―（IFLA専門報告書第120号）．―Guidelines for easy-to-read materials（第2版）の翻訳．―　ISBN978-4-8204-1205-2

t1. ヨミヤスイ　トショ　ノ　タメ　ノ　イフラ　シシン　a1. コクサイ　トショカン　レンメイ　a2. ニホン　トショカン　キョウカイ　a3. ニホン　ショウガイシャ　リハビリテーション　キョウカイ
s1. 編集　s2. 読書　s3. 障害者サービス　①021.4

目次

発刊にあたって
　　　　（日本図書館協会障害者サービス委員会委員長　佐藤聖一）……… 5

読みやすい図書のためのIFLA指針（ガイドライン）改訂版 ………… 7

　　はじめに　　7

　　1. 読みやすいとはどういうことか？　　9
　　2. 読みやすい図書のニーズ　　9
　　3. 読みやすくするための支援　　10
　　4. 対象となる人々　　13
　　5. 編集の工夫　　21
　　6. さまざまなジャンルとメディア　　27
　　7. 出版のプロセス　　31
　　8. マーケティング　　33
　　9. 科学的な研究の必要性　　36
　　10. 読みやすい図書ネットワーク　　37

用語集 ……………………………………………………………………… 39
関係機関連絡先および住所 ……………………………………………… 44
付録　読みやすい文学作品 ……………………………………………… 49

解説　IFLAにおける障害者サービスの取り組み
　　　（日本図書館協会障害者サービス委員会　野村美佐子）………… 55

発刊にあたって

　　　　　日本図書館協会障害者サービス委員会委員長　佐藤聖一

　「読みやすい」という言い方はよく使われますが，このガイドラインでいう「読みやすい図書」は，残念ながら日本ではあまり知られていないものです。

　「読みやすい図書」とは，わかりやすい表現で書かれていてボリューム的にも多くなく，それでいて論理的に話が展開し元の内容を損なわない本です。図などを活用して理解しやすくしたものもあります。

　この「読みやすい図書」は，ディスレクシア＊などの発達障害者・知的障害者・認知症の人など，さまざまな「読みに困難のある人」が読書できるようになる可能性を持っています。読書ができるということは情報の入手だけではなく，社会への参加を促進するとともに，教育的意義も考えられます。

　それではこの「読みやすい図書」はどのように提供されていくものなのでしょうか。まずは，出版社等が積極的に出版販売を行い，それを図書館等が購入し社会に広げていくことが大切であると思います。

　また，著作権法第37条第3項に基づき，読みやすい図書を製作提供する図書館・施設が生まれてくることも考えられます。著作権法上の解釈はやや微妙な点もありますが，ディスレクシア・知的障害者など原本をそのままでは読めないが，やさしく読める本にすれば理解できるということになれば，その製作も可能と考えてよいのではないでしょうか。

　このガイドラインでは，読みやすい図書とはどういうものか，製作方法，その利用者，図書館等の果たすべき役割などを明らかにしています。

　まだ日本ではほとんど普及していない「読みやすい図書」ですが，そ

の潜在的な利用者は多く，社会への普及が強く求められています。ぜひ多くの関係者の皆様にこのガイドラインをお読みいただき，積極的な取り組みを願うものです。

＊ディスレクシア（ガイドラインから一部抜粋）
　ディスレクシアとは，知的に問題がなく，十分な努力をしているにもかかわらず，読み書きの学習がうまくできないこと，と定義される。ディスレクシアの人々は，単語の解読および／あるいは綴りに困難を示すが，単語の理解にはまったく問題がない。世界人口の5－10パーセントがディスレクシアに苦しんでいると推定される。ディスレクシアの人々の大部分は，どうにかそれなりに読むことはできるが，中には読みやすい図書が必要な人もいる。

読みやすい図書のための IFLA 指針（ガイドライン）
改訂版

はじめに

このガイドラインには，おもに3つの目的がある。

1) 読みやすい出版物の本質と，このような出版物に対するニーズを明らかにすること
2) 読みやすい出版物の対象となるおもな人々を特定すること
3) 読みやすい図書の出版社および読むことに障害のある人々にサービスを提供している機関・団体に対し，助言をすること

読みやすい出版物は，さまざまなレベルの読みの障害を抱えている人々に必要とされている。このような人々のニーズは，かなり多くの部分が共通している。また読みやすい図書の製作においては，数か国が協力することも可能である。読みやすい図書にかかわる分野では，図書館が重要な役割を担っている。

このガイドラインは，『読みやすい図書のための IFLA 指針』の第二版である。1997年の初版発行以来，読みやすい図書にかかわる分野では，技術的な解決策の開発が進められてきただけでなく，障害のある人々の状況にも変化が見られるなど，多くの進展があった。現代社会では，すべての人が多大な要求をつきつけられているが，現在，障害のある人々を含むあらゆる市民が，十分な情報に基づき自分自身で決断を下すことを期待されている。

このガイドラインの改訂は，IFLAの特別なニーズのある人々に対する図書館サービス分科会（LSN）作業グループが担当した。作業グループのメンバーは，野村美佐子（日本），ギッダ・スカット・ニールセン（デンマーク），およびブロール・トロンバッケ（スウェーデン）である。

このガイドラインが，世界各地で読みやすい図書の出版を促進し，これに貢献すること，そして編集および支援活動に関する有用な情報を提供することになると願っている。

1. 読みやすいとはどういうことか？

「読みやすい」という用語には少し異なる二つの定義がある。ひとつは，原本があって，その中の文章や単語を書き換えることで，原本よりわかりやすくなっている場合である。この場合，必ずしもわかりやすくはなっていない。もうひとつは，最初から優しくわかる文章や言葉で，また絵や写真を入れるなどの工夫をすることで読みやすく，わかりやすくなっている場合である。

読みやすい出版物の目的は，さまざまな年齢層の人々に，明確で理解しやすい文章を提示することである。そのような出版物を製作するために，著者／出版社は，内容や言語，絵や図，レイアウトを考慮しなければならない。

2. 読みやすい図書のニーズ

読みやすい図書の提供は，民主主義とアクセシビリティにかかわる問題である。

国際調査の結果，ほとんどの国で成人人口の25パーセント以上が，正規の教育を9年間受けた結果期待される識字レベルあるいは読解レベルに到達していないことが明らかになった。いくつかの国では，この数字が40-50パーセントにまで達している。[1]

すべての人が，文化を享受し，文献や情報をそれぞれ理解しやすい形で利用できるというのは，「民主主義的な権利」である。社会で起きていることについて，すべての市民が情報を得られるようにすることは，きわめて重要である。民主主義的な権利を行使し，自らの生活を管理

1　1998年国際成人識字能力調査（International Adult Literacy Surveys: IALS）

していくためには，十分な情報を得たうえで選択できるようにしなければならない。

「生活の質」もまた，重要な要素である。読めるようになれば，世界観が広がり，自らの人生を切り開いていけるようになるので，大いに自信がつく。読むことを通じて，アイディアや思考，体験を共有し，人間として成長していくことができる。

3. 読みやすくするための支援

読書の推進と読みやすい図書の必要性については，国連の障害者権利条約や基準規則，ユネスコの公共図書館宣言，国際出版社協会および国際図書委員会の読者憲章でも，強く支持されている。

●国連障害者権利条約[i]

障害者権利条約は2006年に国連で採択された。同条約は多くの国で批准されており，それらの批准国に対し，法的拘束力を持っている。

障害者権利条約において，障害（ディスアビリティ）は，機能障害（インペアメント）のある人と，そのような人の完全かつ効果的な社会参加を妨げる態度および環境に関する障壁との，相互作用から生じると述べている。

障害者権利条約の目的は，障害のある人によるすべての人権の完全かつ平等な享有の促進，保護および確保である。同条約は，アクセシビリティ，個人の移動性，健康，教育，雇用，ハビリテーション[ii]およ

---

[i] 翻訳者注：国連障害者権利条約において2条の「平易な言葉（plain language）」や，9条の「読みやすく理解しやすい形式（easy to read and understand forms）」という言葉のなかで「読みやすい（easy-to-read）」という概念の重要性を表現している。

びリハビリテーション，政治的活動への参加と平等および非差別（無差別）など，多数の重要な分野を網羅している。

障害者権利条約では，情報通信のアクセシビリティの重要性を認めている。そして，たとえば，読みやすい，アクセシブルなフォーマットによる情報が，合理的配慮として提供されなければならないと記している。「合理的配慮」とは，必要かつ適切な変更および調整で，特定の場合に必要とされるものであり，不釣り合いな，または過重な負担を課さないものをいう。読みやすい出版物は，必要なアクセシブルなフォーマットであると見なされなければならない。

● **国連基準規則**[iii]
1993年，国連は「障害者の機会均等化に関する基準規則」を採択した。基準規則は義務ではないが，各国がこれを採択し，国内で具体的に義務付けることを強く奨励している。規則5では，さまざまな障害のある人が情報サービスと文書を利用できるようにする戦略を各国政府が策定し，特にテレビ，ラジオ，新聞などのメディアに対し，サービスをアクセシブルにすることを奨励するべきであると明言している。規則10では，障害のある人々が文化活動に平等に参加できるようにし，また，障害のある人々が本や映画および演劇を利用できるようにする方法を，各国政府が策定し，実践するべきであると述べている。

● **ユネスコとIFLA－公共図書館宣言**[iv] **および学校図書館宣言**
1994年，ユネスコは「公共図書館宣言」を採択した。同宣言では，公

---

ii 翻訳者注：生まれつき，あるいは幼少時から障害を持つ児童を，元に戻すのではなくその状況を起点に自立や社会参加できるよう潜在能力を引き出し，発展させること。

iii 翻訳者注：障害者の機会均等化に関する基準規則
http://www.dinf.ne.jp/doc/japanese/intl/standard/standard.html

iv 翻訳者注：IFLA/ユネスコ公共図書館宣言
http://www.dinf.ne.jp/doc/japanese/access/easy/gl.html#furoku-2

共図書館が教育，文化，情報の活力であり，またすべての人に平和と精神的な幸福を育成するための必須の機関である，というユネスコの信念を表明している。

「公共図書館のサービスは，年齢，人種，性別，宗教，国籍，言語，あるいは社会的身分を問わず，すべての人が平等に利用できるという原則に基づいて提供される。理由は何であれ，通常のサービスや資料を利用できない人々，たとえば言語上の少数グループ（マイノリティ），障害者，あるいは入院患者や受刑者に対しては，特別なサービスと資料が提供されなければならない。」

1999年に採択された「学校図書館宣言」では，生徒の能力を十分に開発し，生涯を通じて学習が続けられるようにし，さらには情報に基づく決断を下せるようにする学習ツールおよび学習内容を入手できる学校図書館とリソースセンターの役割を定義し，これを促進することを目的としている。

● 読者憲章[v]

1992年，国際出版社協会および国際図書委員会が「読者憲章」を共同採択した。同憲章では，読書は文化的および科学的遺産への鍵となるものであり，また国際理解を促進するものであると明言している。民主主義は，情報がよく人々に行き渡って初めて成立する。文字で書かれた言葉は，個人の批判能力に欠かせない要素でもある。読書は，個人の発達にも，また外の世界や他者を正しくとらえるためにも重要である。

読者憲章では，出版社には読者に対する責任があり，編集，製作，サ

---

[v] 翻訳者注：読者憲章
http://www.dinf.ne.jp/doc/japanese/access/easy/gl.html#minshu3-3

ービス面で質を追求しなければならないと述べている。また出版社は，さまざまな人々の社会的ニーズに応える努力をし，出版ができない場合には，必要に応じて助成金を求めなければならない。

読書や読みのニーズに関する情報も求められている。誰もが読めるようにするには，出版社，図書館などの情報提供者が，読書の促進に携わっている文化・教育・社会団体と協力して取り組むしかない。このような公私の機関の連携により，世界的な読みのニーズを広く満たしていくことへの大きな期待が膨らんでいる。

4. 対象となる人々

読みの困難を引き起こす原因は数多くある。また，障害やその他の不利な条件のために，読みやすい図書が役に立つ人々にも，いくつかのタイプがある。

まず，おもに二つのグループがあげられる。

1) 常時読みやすい図書を必要としている「障害のある人々」
2) 「言語能力や読解力が限られている読者」で，一時期，この種の図書が役に立つと考えられる人々。このような人々にとって，読みやすく書かれた出版物は新たな世界を開く扉となり，役に立つ練習用教材となり得る。このような図書は，読書に興味を持つきっかけとなり，読解力を向上させる手段となる可能性がある。

読みやすい図書の利用者である，上にあげた二つのおもなグループは，さらに年齢別に分けられる。

- 成人

- 青年
- 児童

このガイドラインは，おもに成人，青年および学齢期の児童向けの図書を対象としている。

以下の各項では，読みやすい図書が役に立つ特定のグループについて，さらに詳しく説明していく。

対象となる特定のグループに属するすべての人が，読みやすい図書を必要としているわけではない。また，読みやすい図書が役に立つ人々のグループは，しばしば重複しているということも知っておかなければならない。

▌障害のある人々

さまざまな障害が原因となり，読みの問題が引き起こされ，その結果，読みやすい図書に対するニーズが生じる。一人の人が複数の障害を抱えている場合もある。

●ディスレクシアおよびその他の読みの困難のある人々

「読みの困難」という言葉を定義するのは難しい。これはさまざまな状況を示す，意味の広い言葉である。知的レベル・知的関心と読字能力・読解力との間に隔たりがあるというのが，共通して見られる特徴である。

ディスレクシアの人々は，読みの問題を抱える特別なグループを構成している。ディスレクシアとは，正常な知能があり，十分な努力をしているにもかかわらず，読み書きの学習がうまくできないこと，と定義される。[2]

---

[2] 国際ディスレクシア協会（International Dyslexia Association: IDA）

ディスレクシアの人々は，単語の解読および／あるいは綴りに困難を示すが，単語の理解にはまったく問題がない。世界人口の 5 − 10 パーセントがディスレクシアに苦しんでいると推定される。ディスレクシアの人々の大部分は，どうにかそれなりに読むことはできるが，中には読みやすい図書が必要な人もいる。

● **知的障害のある人々**

知的障害は認知に関する障害である。「知的障害のある人々」「精神遅滞の人々」「学習障害のある人々」[vi] という言葉は，ときとして同じ意味で使用される。

知的障害の程度は，知能だけでなく，社会性の発達や個人的な成長ともかかわりがある。知的障害は通常 3 段階に分類される。[3]

- 軽度
- 中度
- 重度

軽度の知的障害のある人の場合，知能が正常に近いこともある。このような人々の多くは，かなり簡単な文章であれば読むことができる。中度の知的障害のある人々の中にも，読みやすい短い文章を読めるようになる人がいる。重度の知的障害／認知障害のある人々は，一人では読むことができないが，誰かが読んでくれれば楽しめる場合がある。

IQ に基づく分類よりも，個人差や各自のニーズと能力の方が重要であ

[vi] 翻訳者注：海外では，「学習障害のある人々（persons with learning disabilities）」を知的障害のある人々という意味で使っている国もある。

[3] アメリカ合衆国保健社会福祉省（Department of Health and Human Services, USA）

るため，これ以上の分類は必要ない。

世界人口のおよそ1パーセントが知的障害のある人々で，先進国では通常，この数字は概して低い。開発途上国において割合が高いのは，栄養不良と適切な医療の不足が原因となっている可能性が高い。[4]

● **精神神経障害のある人々**
精神神経障害とは，さまざまな脳の機能不全によって引き起こされる障害である。このような障害は，しばしば学習上の問題，注意欠陥障害，運動と衝動性のコントロールの欠如の原因となる。精神神経障害の診断は，ADHD，自閉症，アスペルガー症候群，トゥレット症候群など，広範囲に及ぶ。[5]

ADHDは「注意欠陥・多動性障害」の略で，集中，運動および認知に障害を示す症状の総称である。ADHDは，なんらかの形態の知的障害を伴うことが多いが，知的障害ではない。

集中困難と認知障害とは，読み書きやその他の学習上の問題を引き起こす場合が多い。一般にADHDの症状は加齢とともに軽減していくが，それでもやはり，ADHDの人々の中には，読みやすい図書が役に立つと考えられる人がいる。

自閉症は，行動と想像性，相互社会性とコミュニケーションという，いくつかの重要な発達領域における，重度かつ広範な機能障害を特徴とする障害である。アスペルガー症候群は自閉症の高機能タイプで，トゥレット症候群は衝動的行動の問題が特徴となっている。

4　国際育成会連盟（Inclusion International）
5　スウェーデン国立保健福祉委員会（The National Board of Health and Welfare, Sweden）

精神神経障害のある人々は，併発障害に苦しんでいることが多い。

● **言語獲得期以前から聴覚障害のある人々**
生まれつき耳が聞こえない人は，乳幼児期からの聴覚障害，または言語獲得期以前から聴覚障害があるといわれる。このような人々は，出生直後あるいは乳幼児期から聴覚障害が認められ，そのために話し言葉の発達にも障害や深刻な遅れが見られる。生まれつき耳が聞こえない人の多くは，第一言語として手話を使用し，うまくコミュニケーションを取っている場合もある。しかし書き言葉に関しては，抽象的な概念や隠喩，冗談などの理解に困難がある場合が多い。[6]

● **盲ろうの人々**
盲ろうの人々は，以下のグループに分けられる。

- 生まれつき盲ろうの人々（あるいは乳幼児期に盲ろうとなった人々）
- 中年期以降盲ろうとなった人々

生まれつき盲ろうの人々は，触覚を使ってコミュニケーションを取り，書き言葉と話し言葉の理解がともに限られている。[7] このような人々は，点訳された読みやすい図書を必要としている場合が多い。

中年期以降で盲ろうとなった人々は，おもに聴覚に障害がある場合と，視覚に障害がある場合とがある。おもに聴覚障害があり，のちに視覚にも障害を抱えるようになった人々は，第一言語として手話を使用していると思われる。このような人々は，印刷された文章を外国語とし

---

[6] 世界ろう連盟（World Federation of the Deaf）
[7] 盲ろうインターナショナル（Deafblind International）

て認識し，隠喩の理解に限界が見られる。また，点字による読みやすい図書が役に立つ場合もある。

おもに視覚に障害があり，のちに聴覚にも障害を抱えるようになった人々は，第一言語として話し言葉を使用する。このような人々の点字のスキルは，多くの場合，視覚障害はあるが耳は聞こえる人々のスキルに匹敵する。

● 失語症の人々
失語症は，言語受容および／あるいは言語表出にかかわる大脳中枢の機能障害が原因で起こる言語障害である。この症状は，多くの場合，脳血管障害，脳腫瘍あるいは事故による脳の損傷が原因で生じる。多発性硬化症やパーキンソン病などの，脳に影響を及ぼす器質性疾患が進行し，失語症となる場合もある。[8]

失語症の人々は，言語の使用に問題があるが，知的に問題はない。また，半身麻痺や記憶障害が生じることもある。失語症は，症状の違いによりいくつかのタイプに分けられる。同じ失語症の人でも，症状によって読みやすい図書に対するニーズが異なる。

● 認知症の人々
認知症は，アルツハイマー病，血管性認知症，前頭側頭型認知症などの疾患が原因で起こるとも考えられている。認知症の人々は，普通に言葉を使用することが難しく，また普通の文章を読むことに問題がある場合が多い。このようなコミュニケーション上の問題は，通常，社会との交流の減少につながり，日常生活への対処能力にも影響を与える。[9]

---

[8] 国際失語症協会（Association International Aphasia: AIA）
[9] スウェーデン認知症協会（The Dementia Association, Sweden）

読書指導員の活動から，認知症の初期段階や中度の認知症の人々が，読みやすい文章を利用できることがわかった。読みやすい図書はわかりやすく，伝わりやすいうえ，一時的に記憶をよみがえらせることもある。読み聞かせも非常に刺激的な活動である。（読書指導員の項も参照）

▎その他の要因により，読解力が限られている人々

公用語が母国語ではない人々，限られた教育しか受けていない人々，そして公用語が母国語である子どもも，一時的に，あるいは常時，読みやすい図書や新聞が役に立つ読者だといえる。

● 移住してきたばかりの人々および公用語が母国語ではない人々

移住して間もない人々がこのタイプに相当する。移民は異なる言語を話すだけでなく，文化的・宗教的背景や学歴もさまざまである。移民には，社会への適応期間中，あるいはそれ以降も，読みやすい図書が役立つと考えられる。

● 読むことが苦手な読者

機能的非識字は，教育の欠如，社会問題あるいは精神疾患など，複数の要因が原因となっている場合がある。機能的非識字者は，現代社会で生きていくために必要とされるレベルの文章を読んだり理解したりすることができない。読みやすい図書はこのような人々にとって，非常に大きな価値があるといえる。

● 児童

読みやすい図書や読みやすい新聞は，小学校4年生程度までの児童にも役立つといえる。

▌対象となるさまざまなグループのニーズをまとめることはできるのか？

対象となるさまざまなグループのニーズをまとめることはできるのであろうか？　この問題については，広く議論が重ねられてきた。当然のことながら，読みやすい図書を必要とする人々の目的や生活状況には違いが見られる。おもにこれまでの出版経験に基づき，対象となるさまざまなグループのための基準が開発され，試行され，調整されてきた。しかし，対象となるグループを分類する要因よりも，結びつける要因の方が多いという点で，おおむね意見は一致している。読みやすい図書や出版物の多くは，異なる読みの問題を抱えている人々の間で共用できる。

すべての読みやすい作品が，対象となる読者全員に適しているわけではない。読書体験を成功させるためには，その図書の読みやすさやわかりやすさとほぼ同様に，それぞれの読者の関心や体験も重要となってくる。

読みやすい図書の読者層は，予想以上に幅広いことが多い。それぞれの読者が自分に適した読みやすい出版物にめぐりあえるようにすることが重要であり，そのためにはおもに宣伝とマーケティングが課題となる。

▌読むことと理解すること

読めるということは，単に単語を解読することではない。読むことは思考や感情の獲得や刺激にもつながる。また，読むことは必ずしも自分一人で行うことではない。読むことに重度の障害を抱えている人々は，読みやすい図書を自力で読もうとしても，得られるものはほとんどないであろう。しかし，グループで朗読したり，物語を聞いたりす

ることも，文化的な体験であり，ほかの人と一緒に読むことは，有意義なコミュニケーションの形であるとともに，楽しい体験なのである。

5. 編集の工夫

■文章を読みやすくするには？
読みやすい図書に早くから取り組んできた出版社や編集者は，この種の出版物のための詳細なガイドラインの開発を試みたが失敗した。これらの出版社や編集者は，文章を読みやすくする特定の要素を明らかにしようとしたのである。ほとんどの研究者や専門家は，現在ではそのような取り組みをやめ，体験とエビデンスに基づく成果を利用している。

読みやすさという概念には，言語や内容だけでなく，図やデザイン，レイアウトも含まれる。

編集に関する以下の提言は，ごく一般的な内容である。以下にあげるさまざまなタイプの出版物の目的は，明らかにそれぞれ異なっている。読みやすい文学は，著者が語る文芸作品を伝え，新聞はニュースを報道として伝え，また政府や民間企業からの情報としての出版物は，わかりやすい情報を効果的に伝えるものでなければならない。

■言語と内容
文章をより読みやすく，わかりやすくする要因と，そのための大まかなガイドラインは，以下の通りである。

a) 具体的に書く。抽象的な言葉を避ける。
b) 論理的に書く。論理的なつながりのある一つの流れとして話が展

開していくようにする。
c) 明快でシンプルな展開にし，導入部を長くせず，登場人物は多すぎないようにする。
d) 象徴的な言葉（隠喩）の使用は控える。そのような言葉は一部の読者の誤解を招く可能性がある。
e) 簡潔にする。複数の展開を一つの文にまとめるのは避ける。可能であれば，一つのフレーズを構成している複数の単語は一行に収める。
f) 難しい単語は避けつつも，大人向けの威厳のある言葉を使う。なじみのない単語は，文脈からのてがかりで説明がつくようにする。
g) 複雑な関係は，具体的かつ論理的な方法で説明あるいは記述し，論理的な時系列の枠組みの中で事件が起こるようにする。
h) 著者とイラストレーターに，対象となる利用者を把握し，読むのが難しいとはどのようなことなのかを学ぶよう促す。実際の利用者に会わせ，その体験や日常生活について聞かせる。
i) 読みやすい図書を印刷する前に，実際の利用対象者に試してもらう。

編集者と出版社がこの一般的なアドバイスに従えば，読みやすい図書は，知的／認知障害のある人々だけでなく，ディスレクシアを含むさまざまな学習障害あるいは読みの障害を抱えている人々の，読みに関する問題を大幅に減らすことができる。シンプルにすることは必ずしも見下すことではない。シンプルな言葉で書かれた優れた図書は，実質的にすべての読者に好ましい体験をもたらすことができるのである。

● **文学作品**

著者の自由を制限しすぎてはならない。作家，イラストレーターおよび写真家に，あまりに多くの制約を課してはならない。文章を書くこととイラストを描くことは，創造的なプロセスであり，制約が多すぎ

るとほとんどうまくいかないことを，決して忘れてはならない。この種の作品のためのマニュアルを作成することは不可能である。

教条的になってはいけない。フィクションはフィクションらしく。読みやすい図書の製作は楽しく，刺激的でなければならず，本は娯楽であり，想像力をかきたてるものでなければならない。作家やクリエイターには，読みやすい作品を作るという課題に挑戦してもらおう。

シンプルな言葉で書くことは難しい。わかりやすく書くことは，簡潔さと陳腐との間の綱渡りになる可能性がある。物語を簡潔に語るとき，一つ一つの言葉は際立ち，大きな影響力を持つ。重要なのは，語るべきよい物語があるということだ。既存の文学を読みやすく改変することは特に難しい。優れた読みやすい文章の創作だけでなく，原作者が生みだした雰囲気や情緒を維持することも課題となってくるからだ。改変はわかりやすく語り直すことであって，単に言葉を換えることではない。

読みやすい文章の例は付録を参照。各国の読みやすい図書の例については，関係機関連絡先および住所を参照。

● 新聞
書籍の出版社は，それぞれの本の対象となる読者を考慮し，使用する言語のレベルと内容を決定する。これに対し読みやすい新聞では，言語のレベルと内容の複雑さに関しては，通常，一貫性を保ちながら，記事のテーマに応じて若干の変更を許容している。しかし読みやすい新聞には，普通の新聞と同じ報道基準がある。読みやすい新聞のおもな目的は，いかに複雑であっても，明確かつ直接的な方法でニュースを伝え，出来事を報告することである。

報道記事を読みやすくする要因は，概して書籍に適用されるものと同じである。気のきいた見出し，専門用語や象徴的な表現は一般紙に共通して見られるが，読みやすい新聞ではこのような表現を避け，関連のある図や写真を多く使用するとよい。不要な部分を取り除いたシンプルなレイアウトも不可欠である。

一般紙では，しばしば事実の記載が多すぎるが，読みやすい新聞の記事では，具体的な状況に則して事実を述べ，その背景を説明することに，より専念するべきである。

複雑なテーマを簡潔に説明するのは難しい。そこで，特集記事を使って説明するのも一つの方法である。例えば，選挙の手順や宗教的な信条と実践などをテーマとした特集記事は役に立つ。

すべてのニュースがシンプルな言葉で伝えられるわけではない。だが，一般紙の内容すべてを理解することが，読者全員に期待されているのだろうか？ また，何人の人が本当の意味であらゆることに興味を持っているのだろうか？

各国の読みやすい新聞の例については，関係機関連絡先および住所を参照。

● **社会に関する情報**
ニュース以外にも，選挙の手順や市民の権利と義務など，社会や行政に関するわかりやすい公文書や情報を，誰もが利用できるようにすることが重要である。また企業や保険会社，銀行，製品やサービスを提供するその他の事業体から，わかりやすい情報が得られるようにすることもきわめて重要である。

■挿絵・図

一枚の絵は千の言葉に匹敵するとよく言われる。読みやすい図書の場合，他のタイプの出版物に比べて，挿絵や図が重要な役割を果たすことが多い。文章中で説明されている内容を具体的に描写した絵や図は，理解を深め，メッセージを明確にしてくれる。

挿絵や図はまた，文章とは別の次元で表現された内容を伝えることができる。読みやすい出版物の中で，抽象的な図など非写実的な絵を使用する方法については，これまで多くの議論が交わされてきた。絵のような芸術は，しばしば多種多様な解釈を招くことがあるからだ。しかし過去の経験から，非写実的な絵は，知的障害や認知障害のある人々（具体的な方法で世界を理解し，解釈する人々）など，読みやすい図書の読者に対して，うまく機能することがわかっている。たとえば抽象的な絵は，文章に描かれている雰囲気や情緒を伝えることができる。これには絵が文章の内容と一致していることが重要となる。読者を間違った方向へと導く絵や，文章と同じ感情を伝えていない絵は，重度の読みの困難を抱えている人々を混乱させることになる。

また，挿絵や図は，関連のある文章のすぐ近くに配置しなければならない。

■ピクトグラム

ピクトグラムまたはピクトグラフは，図によって概念や事物を表現するシンボルである。ピクトグラムを使用した読みやすい図書は，知的障害や認知障害のある人々が内容を理解するのに役立つ。

■デザイン
●レイアウトとデザイン

読みやすい図書のレイアウトは，不要な部分を省いた，人目を引きつけるものでなければならない。余白を広く取り，文字や行の間隔を広げることで，文章が一層読みやすくなる。表紙のデザインは内容と関連のあるものにする。

各ページの行数を制限し，文章は段落に分ける。一つのフレーズを構成している複数の単語は，一行に収めなければならない。話し言葉の自然な切れ目で行を換えるようにする。

図書や新聞は人目を引く外見にし，成人向けの場合は幼稚な印象にならないようにする。読みやすい図書は，「本物の」本のように見えなければならない。

●紙質，活字書体および印刷

十分に質のよい紙を使用し，また，地と図のコントラストをしっかりとつけなければならない。色つきの地や活字は慎重に使用する。

活字書体は，明瞭で比較的大きいサイズにする。過去の経験から，本文の部分には，明瞭なセリフ体（タイムズやガラモンドなど）あるいはサンセリフ体（ヘルベチカやヴァーダナなど）を選ぶとよいことがわかっている。サイズは 11 − 12 ポイントが望ましい。

●ロゴ，裏表紙のブラーブ（Blurb）

読みやすい作品は，その旨，明確に表示されなければならない。たとえば読みやすいことを示すロゴの使用は，そのための実用的な手段である。また読みやすいことを示すロゴをつけられる作品は，言語，内

容およびデザインに関して特定の要件を満たしている必要がある。

読みやすい図書の裏表紙のブラーブでは，内容をわかりやすく解説し，難易度を表示しなければならない。

■難易度
読みやすい図書は，さまざまに難易度を変えて製作されなければならない。前述のように，同じ読みの問題を抱えている人々の間でも，読解力が大きく異なる可能性がある。知的障害や認知障害のある人々の能力は軽度から重度まで幅がある。

6. さまざまなジャンルとメディア

あらゆるタイプの読みやすい文献と情報に対するニーズがある。現在，ほとんどの出版物は，印刷版，電子版，音声版など，さまざまな媒体で利用できる。多くの場合，本はオーディオブックとして利用することができ，新聞の電子版は，一般にインターネット上で利用できる。

■活字媒体
●文献
読みやすい文献には，オリジナルの読みやすい作品のほかに，古典の改変など，フィクションとノンフィクションの両方を含めなければならない。長編小説，短編小説，ミステリーとサスペンス，詩，旅行関係の書籍など，すべてのジャンルが利用できるようにしなければならない。

古典小説を読みやすく改変し，簡単にすることに反対する人々もいるかもしれない。このような人々は，読みやすい作品は「中身が薄められた」作品だと考えているのだろう。しかし，読みやすくした版がな

ければ，読みの問題を抱える多くの人々は，ほとんどの文化遺産を利用できなくなってしまう。また，読むことに慣れていない人々も，読みやすい図書がきっかけとなって読書に関心を持つようになり，読解力向上の機会を得ることができる。

●ニュースおよび情報資料
多くの人々にとって，ニュースやその他の情報資料を読みやすくした版の利用は，常に情報を得られるという民主主義的な権利を行使する唯一の手段となる。この種の出版物の読者は，読みやすい図書の読者よりも，おそらく多いだろう。

通常の報道を理解するのは難しいと考えている人は多い。新聞記事は長すぎて，難しい言葉や多数の専門用語が使われていることが多く，さらに，読者が報道を完全に理解するには，かなりの予備知識が要求される。テレビのニュースは，多くの人々にとって，あまりに速いペースで次のニュースへと移っていってしまう。

●雑誌
大勢の人々が，さまざまなテーマに関する雑誌を，自己改革や自己啓発だけでなく，娯楽として楽しんでいる。このため読みやすい文章で書かれた雑誌は，読みの困難を抱えている人々に高く評価されている。

■電子媒体およびその他の非印刷フォーマット
以下にあげるさまざまなタイプの電子媒体は，読解力が限られている人々に大いに役立つ。

●音声
録音図書・録音文書などの音声フォーマットは，視覚障害のある人々だけでなく，読むことに問題のある人々など，多くの読者にとって役

に立つ。DAISY は，音声あるいはマルチメディアフォーマットによる情報の製作と提供に広く使われている標準規格である。

● テレビ−動画
テレビや映画，DVD，ブルーレイなどの動画は，読むことと理解することに深刻な課題がある人々に手を差し伸べられる可能性を秘めている。動画は，理解が難しい人々や注意欠陥障害のある人々，聴覚障害のある人々にとって，大変効果的なツールである。報道番組と情報番組の両方を取りそろえ，利用できるようにするべきである。また，そのような番組には字幕をつけるのが理想的である。

● CD，DVD，MP3 など
現代技術が障害のある人々に役立つことは間違いない。CD，DVD および MP3 などの電子情報フォーマットは，ユーザーがその操作能力に応じて利用できるように，さまざまなレベルの機能を備えて，情報を提示するなら，読むことが難しい多くの人々にとって，大いに役立つといえる。電子フォーマットには，ユーザーが使いやすいヘルプ機能も搭載しなければならない。

さらに，知的障害，認知障害，あるいはその他の障害のある人々のニーズに合わせて機器やソフトウェアを改良することも不可欠である。ユーザーのニーズに合わせて適切な機器を用意し，コンテンツを提示するためには，的確なインターフェースの開発が必要である。

● DAISY（アクセシブルな情報システム）[vii]
DAISY はアクセシブルなマルチメディアによる読みやすい図書で，読むことと理解することに問題のある人々に非常に有効である。この技

[vii] 翻訳者注：DAISY（アクセシブルな情報システム）
http://www.dinf.ne.jp/doc/daisy/about/index.html

術は，DAISY コンソーシアム（http://www.daisy.org）により，デジタル録音図書の国際標準規格として開発され，維持されている。

マルチメディア DAISY は，DAISY 標準規格に従って製作され，録音図書やデジタルテキストにすることも，またテキストと音声を同時に表示することもできる。これらの図書は CD/DVD やメモリーカードで，あるいはインターネットを通じて配布・配信される。マルチメディア DAISY 図書は，DAISY 再生ソフトを搭載したコンピューターや携帯電話，PDA を使用して利用することができる。

音声のみの DAISY も，印刷された読みやすい図書と併用すれば有効である。音声のみの DAISY フォーマットによる図書は，標準的な DAISY プレーヤー，携帯電話，MP3 プレーヤーで聞くことができるが，ナビゲーションはかなり制限される。

● **ウェブサイト**
インターネット上のウェブサイトは，あらゆる種類の情報伝達や，公的機関，政府機関，および企業の間の相互コミュニケーションを可能にするものとして，きわめて重要になってきた。

ウェブサイトのレイアウトは，不要な部分を省き，シンプルにしなければならない。また，ナビゲーションがしやすい構造にし，さまざまな識字レベルの人が利用できるコンテンツにしなければならない。追加資料へのリンクも含めるべきである。特別な読みやすいサイトを，メインのホームページにリンクさせることも，代替策としてあげられる。

目標は，すべての人に対するアクセシビリティの実現である。ウェブアクセシビリティの標準規格に関する情報は，ワールド・ワイド・ウェブ・コンソーシアム（W3C）のウェブサイトで入手できる。

7. 出版のプロセス

■出版

さまざまなタイプの出版社が，読みやすい図書を開発することができる。たとえば，一般商業出版社が，普通の出版物と併せて読みやすくした版も製作する場合がある。このような製作方法は，障害のある人を社会の主流へ完全に統合する「ノーマライゼーション」の原則に合致している。

一方，読みやすい出版物を専門に製作している機関は，対象となるグループのニーズや，独特な編集作業，マーケティング戦略に関する専門技術と知識を備えたスタッフを雇用しているという強みがある。

■著作権

著作権は，オリジナルの学術書や文学作品などの知的な作品あるいは芸術作品の著作権所有者に，一定期間，その作品の独占権を与えるものである。著作権はまた，著作者にその作品の製作者として名のる権利を与える。

著作権法は，国際条約によりある程度統一されてきたが，今なお国による違いが認められる。通常，著作権は創作者の死後 70 年間[viii] 継続する。

著作権所有者は，その作品の創作者であることもあれば，別の人物や出版社などの企業である可能性もある。著作権所有者には，誰がその作品を翻訳するか，あるいは誰が別のフォーマットに変換するかを決定する権利がある。著作権所有者はまた，その作品から経済的利益を

[viii] 翻訳者注：日本の場合は，現在 50 年である。

得る権利を持つ。

著作権は，アイディアや情報ではなく，コンテンツの配信形態や配信方法のみを対象としている。著作権法では，オリジナルの著作物から読みやすくした改訂版を作成する前に，著作権所有者からの許諾を得ることを義務付けている。読みやすい作品自体も著作権の対象となる。

電子媒体やインターネットなどの技術の迅速な発達により，読みやすい図書の新しい製作方法が開発されるので，著作権に関する新たな問題が引き起こされることになるかもしれない。

▎経済面

読みやすい図書や新聞を出版するための健全な経済基盤は存在するであろうか？　それとも，これは公共もしくは民間の慈善団体からの補助金のみで進めていくことができる活動なのだろうか？

読みやすい図書の製作費は，当然のことながら，売上と製作部数，編集やデザインのレベルによって決まる。製作費は一般に，同じジャンルの通常の出版物に比べて高くなる。

経済的自立，さらには利益を得られる可能性はあるだろうか？　北欧諸国の経験に基づけば，その答えはおそらく「イエス」であろう。データによれば，ほとんどの読みやすい書籍は，3,000 - 5,000 部を売れば採算がとれる。8 - 12 面で構成される読みやすい週刊新聞は，15,000 - 20,000 人の購読者がいれば収支を合わせることができるだろう。

8. マーケティング

▍マーケティングにおける配慮

読みやすい図書や新聞の製作と発行には多くの作業が含まれるが，読みやすい図書にかかわる仕事全体からすれば，それは半分にすぎない。よい作品は自然に売れるものではなく，マーケティングが必要である。そしてマーケティングにより，さらに特別な需要が生まれる。

書き言葉主体の作品を，文化的に「不利な立場にある」人々や，自分の関心事を表現する能力が限られている人々に宣伝するには，どうすればよいのだろうか？　また，読むことに慣れておらず，図書館や書店にほとんど行かない人々には，どのように宣伝すればよいのだろう？

従来のマーケティング技術は，このようなケースには適していない。マーケティングの問題だけにとどまらないからである。読みやすい作品が販売できるようになる前に，対象となるおもな読者とその友人，家族，介護者の間に，これを受け入れる態度や，これに対する積極的な関心がなければならないのだ。

日頃読書をしない人々への対応では，個別に連絡を取ることが非常に重要である。このような主たる利用者にサービスを提供するために，仲介者を通さなければならないことも多い。個別に連絡が取れるようにならない限り，マーケティングの取り組みや宣伝活動の効果は上がらないだろう。

▍読書指導員（Reading Representatives）

もっとも読むことが難しく，文化に触れる機会が限られることが多いのは，前述のように，知的障害や認知障害のある人々である。このよ

うな人々が自発的に図書や新聞を要求することはまずない。また多くの場合，図書や新聞を，見慣れない，近寄りがたいものと考えている。そしてこのような人々の身近にいる家族や介護者は，ニュースや文学作品が，障害のある人々にとって大きな喜びの源となることにたいてい気づいていない。これは認知症の人々にも当てはまる。

読み聞かせは，新たな話題を模索する機会を読み聞かせの会などへの参加者全員に提供してくれる。特に認知症の人々の場合，たとえ一時的であっても過去の記憶が呼び起こされることが多いので，有効である。

例：スウェーデン読書指導員協会
スウェーデンの読みやすい図書センターは，読みやすい図書の利用と出版を強く勧めている。また読書指導員協会も，地域の文化・社会・教育プログラムに協力しており，スウェーデン国内における強力な支援者となり得る。読書指導員は，ともすれば図書やニュース，情報に触れることのない人々にとって，仲介者としての役割を果たす。読書指導員は，知的障害のある人や認知症の人のためのデイケアセンターやグループホームの職員で，通常の職務に加えて，読み聞かせの会の企画などを担当する。

読書指導員プロジェクトは，スウェーデン読みやすい図書センターとスウェーデン全国知的障害者協会によって，1992年に始められた。現在，スウェーデン国内のほとんどすべてのデイケアセンターと多くのグループホームには，読み聞かせの会，読書会，図書館訪問などを担当する読書指導員が1人または2人いる。スウェーデンのすべての州では，知的障害のある人々の介護者で，読書指導員としての研修を受けた人々が運営する勉強会が開かれている。最近では，認知症の人々を対象とした同様な読書会も開かれている。

読書指導員協会では，文化を重視し，読書を奨励している。そして日常生活における自然な要素としての読書を促進し，家族と介護者に，活動に対する支援を呼びかけている。地域の政府機関，図書館，学校，成人教育団体および障害者協会が連携し，それぞれのコミュニティで読書会プログラムの開設に当たっている。

読書指導員プロジェクトは非常に大きな成果を上げてきた。

知的障害のある人々に本を与えたところ，当初の予想よりも大勢の人が読むことができた。また多くの人が，以前に比べて大幅に知識を増やし，読書会を通じてさまざまなテーマに関心を持つようになり，質問や話し合いをするようになった。本は，このような人々が，以前は表現することのできなかった考えやアイディアを言葉にするうえで役立った。ほとんどの参加者にとって，本は大いに価値のあるものとなったのだ。

認知症の人々もまた，話題を提供し，活動や人とのかかわりを増やすことにつながる読み聞かせの会を楽しんでいる。

読書に対する態度に影響を与え，読書を奨励するこのような取り組みの結果，読みやすい図書や新聞の出版・発行への財政的な援助が増加した。

▍図書館の役割

公共図書館は，読みやすい図書の分野で常に重要な役割を果たしてきた。読みやすい図書の大多数は図書館に販売される。これは，読みやすい図書が適切に読者のもとに届くかどうかは，読みやすい図書を宣伝し，読みの困難を抱えている人々にガイダンスを提供する図書館と

図書館司書に大きく左右されるということである。

一般に，読みやすい図書の読者は図書館に慣れ親しんでいない。公共図書館も学校図書館も，このような利用者にサービスを提供する取り組みに参加しなければならない。この分野における図書館の成功は，以下の4つの基本要因にかかっている。

- 対象となるグループ（グループホーム，デイケアセンターおよびその他の居住型施設で暮らす人々，障害者団体および介護・支援者団体）と協力する図書館の能力
- 読者の特別なニーズに関する知識（必要に応じて研修を行うなど）
- 読みやすい図書の選択に関する専門知識および技能
- 読みやすい図書の利用のしやすさ（読みやすい図書であることを明示し，配架すること）

図書館職員は，特別なニーズを抱える人々を含め，すべての利用者を支援できなければならない。また，図書館資料とサービスに関する情報（パンフレット，ポスター，ウェブサイトなど）をすべての人が利用できるようにする担当職員を配置しなければならない。さらに図書館職員は，読み方を学びたい人々を対象とした識字プログラムを提供したり，その他の識字サービスを紹介したりすることも可能である。

あらゆる種類の図書館が協力することも重要である。公共図書館と学校図書館は，点字図書館などの専門図書館と連携するべきである。

9. 科学的な研究の必要性

読みの困難と，読みやすさという概念に関しては，さらに研究を進める必要がある。読みやすい図書の出版は，確固たる科学的基盤の上に

立ち，新たな研究結果から学んでいけるものでなければならない。このような研究には，言語学や教育学だけでなく，身体障害および知的／認知障害や，グラフィックデザインなど，さまざまな領域を含めることができる。

10. 読みやすい図書ネットワーク

国際的な読みやすい図書ネットワークは，読みやすい図書の問題に関心やかかわりを持つすべての人に開かれている。

ネットワークの目的は，

- 読みやすい図書の情報を提供し，読みやすさという概念に関する知識を深める。
- 読みやすい図書のニーズに気づかせる。
- 読みやすい図書の問題に関して，世界各地の人々と意見交換できる場を提供する。
- 情報や意見，体験談を交換できるようにする。
- さまざまな国の人々や機関の連携を促進する。

読みやすい図書ネットワークには，以下の目的もある。

- ジョイントベンチャープロジェクトを促進する。
- ジョイントベンチャープロジェクトの資金を調達する。
- 読みやすい図書に関する研究を促進し，主導する。
- 読みやすい図書に関する研修，その他のプログラムを企画する。
- 新たな読みやすい図書の開発を促進する。

読みやすい図書ネットワークは，セミナーや会議も随時企画している。

読みやすい図書ネットワークは，出版社，製作者，作家，ジャーナリスト，イラストレーター，写真家，マーケター，図書館司書，およびその他の関心のある人々と機関の参加を歓迎する。

読みやすい図書ネットワークに関するさらに詳しい情報は，www.easy-to-read-network.org で入手できる。

用語集

これは厳選用語集である。さらに詳しいリストは，IFLA が発行した用語集を参照のこと。

ブルーレイ
ブルーレイは，基本的には DVD と同じ形式だが，はるかに多くの情報を保存することができる。

ブラーブ
新刊書のカバーや本のジャケットにある出版者による宣伝文や推薦文で，本の内容に関心を持ってもらうことを目的としている。

点字
視覚障害のある人々のための印字システム。文字は指で触れられるように，盛り上がった点として印刷される。

CD，CD-ROM
コンパクトディスク－読み取り専用メモリ（Compact Disc-Read Only Memory）の略。テキスト，画像，音声などの非常に容量の大きいデータがデジタル形式で保存されているディスク。CD-ROM の情報には，CD-ROM ドライブを備えたコンピューターでアクセスできる。

DAISY
デジタルアクセシブル情報システム（Digital Accessible Information System）の略。DAISY は，音声およびマルチメディア情報の製作と

提示のための標準規格である。

障害[ix]（ディスアビリティ）
機能障害（インペアメント）によって引き起こされる障害（ディスアビリティ）とは,「人間にとって正常と考えられる方法で, あるいは正常と考えられる範囲内で活動する能力が限られていること, あるいは欠けていること」である。それは, 見ることや聞くこと, 動き回ることの困難などのように, 個人レベルでの機能上の制約である。

DVD
デジタル多用途ディスク（Digital Versatile Disc）, あるいはデジタルビデオディスク（Digital Video Disc）のこと。DVDは, 映像やその他の動画を保存するためのコンパクトディスクである。HD-DVDおよびブルーレイは, 基本的にはDVDと同じ形式だが, はるかに多くの情報を保存することができる。

電子書籍
電子書籍は, 従来の印刷された書籍に匹敵する。電子書籍は通常, パソコンや, 電子書籍リーダーとして知られている専用のハードウェア機器を使用して読む。多くの携帯電話でも, 電子書籍を読むことができる。

機能的識字能力
一般に, 短い文の読み書き, 短い通知や簡単な新聞記事を読める程度の, 日常生活で要求されることに十分対処できる識字レベルとして定義される。おおよその目安として, 機能的識字能力の獲得には, 基礎

[ix] 翻訳者注：障害にとどまらず, 健康状態の変調によるすべての人の心身の機能, さまざまな活動や参加の制約について言及するICF（WHO・国際生活機能分類）の概念がある。

教育を9年程度受ける必要があるとされている。社会の複雑化に伴い，高い機能的識字能力が求められるようになる。

ハンディキャップ[ix]
ハンディキャップとは，「機能障害（インペアメント）あるいは障害（ディスアビリティ）の結果起こる不利益」である。それは社会経済的役割に関するもので，障害のある人々を障害のない人々と比べて不利な立場においやる。ハンディキャップの例としては，公共の交通機関が使用できないこと，社会的に孤立してしまうこと，寝たきりになることなどがあげられる。完全に普通の生活を送ることを妨げる身体障害あるいは精神障害。

非識字
機能的識字能力のレベルに到達していない人が非識字者である。機能的識字能力の項を参照。

情報技術（IT）
コンピューターあるいは電子通信機器による情報の作成，保存，分析および配信に使用されるさまざまなデジタル技術。

インターフェース
コンピューターおよびコンピューターソフトのユーザーインターフェースについて述べる場合は，おもに画面表示とその操作の容易さを言う。

レイアウト
出版物中の文章，絵および図などの配置。

ロゴタイプ（ロゴ）
宣伝または製品の識別のために，企業や団体によって使用される，名称，イニシャルまたはシンボルの特別なデザイン。

隠喩
表現したい性質をもつ別のものを引用して描写する，想像力に富む説明方法。隠喩は象徴を意図したり，象徴と見なされたりする。

MP3
もとの言葉は，MPEG オーディオレイヤー3 で，MP3 と言われるほうが一般的な，デジタル音声符号化方式。この符号化方式は，一般に歌など音声の一部を保存する方法で，MP3 ファイルの作成に使用され，これにより，データを編集したり，コンピューターと MP3 プレーヤーなどの機器との間で，データを容易に転送したりすることができる。

マルチメディア
情報を伝えるため，テキスト，図，音声および動画などのさまざまなメディアを一体化して使用しているプログラムや製品。

PDA
Personal Digital Assistant（直訳すると，個人用デジタル補助装置）の略で，個人用の携帯情報端末のこと。多数の機能を備えた自己管理手帳として使用できる，軽量の携帯用コンピューター。

ユネスコ
国連教育科学文化機関の略称。

ウェブサイト
ウェブサイトは，通常，企業や団体のホームページとして知られ，インターネットのワールド・ワイド・ウェブ上で公開される。

W3C
ワールド・ワイド・ウェブ・コンソーシアム。W3C は国際的なコミュニティで，ウェブの長期にわたる発展を確保するため，標準規格を開発している。

関係機関連絡先および住所

国内で読みやすい図書にかかわる活動をしている機関の厳選リスト

オーストリア

    Atempo BetriebsgesmbH
    Grazbachgasse 39, 8010 Graz
    www.capito.eu

ベルギー

    Wablieft
    Kardinaal Mercierplein 1
    2800 Mechelen
    www.vocb.be

デンマーク

    På let dansk
    Fortunstraede 3,1
    1065 Copenhagen
    www.paaletdansk.dk

フィンランド

    The Plain Language Centre – LL-center
    Tölögatan 27 A
    00260 Helsinki
    www.papunet.net/ll-center

ドイツ
Büro für Leichte Sprache Lebenshilfe
Bremen Waller Heerstrasse 55
28217 Bremen
www.lebenshilfe-bremen.de

ギリシャ
Special Vocational Training Centre ESEEPA
S. Nikolakopoulou 13
N. Psychiko
Athens
www.eseepa.gr

日本
公益財団法人　日本障害者リハビリテーション協会
〒162-0052　東京都新宿区戸山1-22-1
www.dinf.ne.jp

社会福祉法人　全日本手をつなぐ育成会
〒105-0011　東京都港区芝公園1-1-11
興和芝公園ビル2階
www.ikuseikai-japan.jp

ラトビア
Valdes Priekssedetaja
Maskavas 285/6
Riga LV 1050
www.vvagency.lv

オランダ
Y-Publicaties
1017 BX Amsterdam
postbus 10208
1001 EE Amsterdam
www.y-publicaties.nl

ノルウェー
Norwegian Centre for Easy-to-Read – Leser soeker bok
Bygdöy alle 58 B
0265 Oslo
www.lesersoekerbok.no

Klar Tale/NTB
Postbox 6817 St Olavs Plass
0130 Oslo
www.klartale.no

Lettlest Forlag
P.b. 38 Falkum
N-3705 Skien
www.llf.no

スペイン
Associacío Lectura Fàcil
Ribera 8 pral.
08003 Barcelona
www.lecturafacil.net

スウェーデン
Swedish Centre for Easy-to-Read – Centrum för lättläst
Box 9145
102 72 Stockholm
www.lattlast.se

Sesam
Fria Tidningar
Rusthållarvägen 133
128 Bagarmossen
www.fria.nu

国際機関の厳選リスト

読みやすい図書ネットワーク
Easy-to-Read Network
www.easy-to-read-network.org

インクルージョン・インターナショナル
Inclusion International
KD.2.03, University of East London, Docklands Campus,
4-6 University Way, London E16 2RD, United Kingdom
www.inclusion-international.org

国際ディスレクシア協会
International Dyslexia Association
40 York Rd., 4th Floor
Baltimore, MD 21204

DAISY コンソーシアム
DAISY Consortium
Grubenstrasse 12
8045 Zurich, Switzerland
www.daisy.org

付録
読みやすい文学作品

例：

『モンテクリスト伯』
アレクサンドル・デュマ作
【オリジナル英語版】
The Count of Monte Cristo
by Alexandre Dumas
Original version in English:

Marseille – Arrival

On February 24, 1815, the lookout at Notre-Dame de la Garde signaled the arrival of the three-master Pharaon, coming from Smyrna, Trieste and Naples. As usual, a coastal pilot immediately left the port, sailed hard by the Château d'If, and boarded the ship between the Cap de Morgiou and the island of Riou.

At once (as was also customary) the terrace of Fort Saint-Jean was thronged with onlookers, because the arrival of a ship is always a great event i Marseille, particularly when the vessel, like the Pharaon, has been built, fitted out and laded in the shipyards of the old port and belongs to an owner from the town.

Meanwhile the ship was drawing near, and had successfully negotiated the narrows created by some volcanic upheaval between the islands of Calasareigne and Jarre; it had rounded Pomègue and was proceeding under its three topsails, its outer jib and its spanker, but so slowly and with such melancholy progress that the bystanders, instinctively sensing some misfortune, wondered what accident could have occured on board. Nevertheless, those who were experts in nautical matters acknowledged that, if there had been such an accident, it could not have affected the vessel itself, for its progress gave every indication of a ship under perfect control: the anchor was ready to drop and the bowsprit shrouds loosed. Next to the pilot, who was preparing to guide the Pharaon through the narrow entrance to the port of Marseille, stood a young man, alert and sharp-eyed, supervising every movement of ship and repeating each of the pilot's commands.

One of the spectators on the terrace of Fort Saint-Jean had been particularly affected by the vague sense of unease that hovered among them, so much so that he could not wait for the vessel to come to land; he leapt into a small boat and ordered it to be rowed out to the Pharaon, coming alongside opposite the cove of La Réserve. When he saw the man approaching, the young sailor left his place beside the pilot and, hat in hand, came and leant on the bulwarks of the ship.

He was a young man of between eighteen and twenty, tall, slim, with fine dark eyes and ebony-black hair. His whole demeanour possessed the calm and resolve peculiar to men who have been accustomed from childhood to wrestle with danger.

"Ah, it's you, Dantès!" the man in the boat cried. "What has happened, and why is there this air of dejection about all on board?"

"A great misfortune, Monsieur Morrel!" the young man replied. "A great misfortune, especially for me: while off Civita Vecchia, we lost our good Captain Leclère."

【英語による読みやすくした改訂版】
The Count of Monte Cristo
Easy-to-read version in English:

In Marseilles
On 24 February 1815 a French ship
came sailing into the port of Marseilles in south of France.
The name of the ship was Pharaon.
Beside the pilot,
who was to guide the ship into the harbour,
stood a young sailor, leaning against the railing.
He was at most twenty years old.
He was tall and slim,
he had beautiful dark eyes
and his hair was black.
He looked strong and steady.
His name was Edmond Dantés.
The young man stood and watched a small rowing boat
which was hurrying towards the Pharaon.
A man in the rowing boat waved eagerly to him.
"Oh, it's you, Edmond Dantés" he called.
"Why do you look so sad, my young friend?"
"We have suffered a great misfortune, Mr. Morrel",
answered the young man.
"We have lost our captain!"

『モンテクリスト伯』
アレクサンドル・デュマ作
【オリジナル英語版の日本語訳】

マルセイユ－帰還

　1815年2月24日，ノートルダム・ド・ラ・ガルド寺院の見張りが，スミルナ，トリエステ，ナポリを回って帰って来た3本マストの帆船，ファラオン号の到着を知らせた。いつものように，水先案内の船がただちに港を出発し，イフ城のすぐそばを通って，モルジウ岬とリウ島の間でファラオン号を迎えた。

　すぐに（これもいつものことだが）サンジャン要塞の見晴らし台に，大勢の見物人が群がった。マルセイユでは船の入港はいつも大事件なのだ。特にファラオン号のように，この古い港町の造船所で建造され，艤装され，荷を積み込まれた船は。しかも船主はこの町の者なのだ。

　その間にも船はだんだんと近づいて来て，カルセレーニュ島とジャール島の間の，火山活動でできた狭い水路もうまく通り抜けた。そしてポメーグ島を回りこみ，3本のトップマストと船首，船尾の帆をすべて掲げて進んでくる。だが船足はとても遅く，あまりに物憂げな進み方に，見ている者たちは災いを直感し，船上でどんな事故があったのだろうかと，いぶかしく思うのだった。しかし船に詳しい専門家たちは，たとえ事故があったとしても，船自体に影響はなかったとわかっていた。進み具合から見て，船は完全に制御されていたからだ。錨を下ろす準備はできているし，バウスプリット先端のロープはほどかれている。水先案内人は，ファラオン号をマルセイユ港の狭い入口に導こうとしていた。その横には，隙のない鋭い目をした若い男が立ち，船の一挙一動に目を光らせ，水先案内人の指示を逐一復唱している。

　サンジャン要塞の見晴らし台にいた見物人の一人が，辺りに漂うそこはかとない不安感に，とりわけひどく飲み込まれてしまった。船が

陸に着くまで待ちきれず，その男は小さなボートに飛び乗り，ファラオン号に向かって漕ぐよう命じた。ボートはラ・レゼルブの入り江の正面でファラオン号に横付けした。男が近づいてくるのを見て，若い船乗りは水先案内人のそばを離れ，帽子を手にやって来て，甲板の壁にもたれた。

　その若者は18歳から20歳くらいで，背は高く，痩せていて，美しい黒い瞳と漆黒の髪をしていた。子どもの頃から危険に立ち向かうことに慣れている男に特有の冷静さと強い決断力とが，その立ち居振る舞いすべてに現れていた。

　「ああ，君か，ダンテス！」ボートの男が叫んだ。「いったい，どうしたんだ？　なぜ，この船はどこもかしこも，こんなに沈んだ雰囲気なんだ？」

　「大変な不運に見舞われたんですよ，モレルさん！」と，若者が答えた。「大変な不運です。特に私にとってはね。チヴィタ・ヴェッキアの沖で，我らがルクレール名船長を失ったのです。」

『モンテクリスト伯』
【英語による読みやすくした改訂版の日本語訳】

マルセイユで

　1815年2月24日，フランスの船が
　フランス南部のマルセイユの港に入ってきた。
　船の名前はファラオン号といった。

　船を港へと案内する
　水先案内人の横には，
　若い船乗りが立ち，手すりによりかかっていた。
　その男はせいぜい20歳だった。

その男は背が高く，痩せていて，
美しい黒い目をしていて，
髪の毛も黒かった。
そして強く，落ちついているように見えた。
男の名前は，エドモン・ダンテスといった。

　若者は，小さな手漕ぎのボートが
急いでファラオン号に向かって来るのを，立って見ていた。
　手漕ぎのボートに乗っていた男が，若者に向かって一生懸命手を振った。
　「ああ，君か，エドモン・ダンテス」と，ボートの男が叫んだ。
　「どうしてそんなに悲しそうにしているんだい？」
　「大変不幸なことがあったんですよ，モレルさん」
と，若者が答えた。
　「船長が亡くなったのです！」

解説

IFLAにおける障害者サービスの取り組み

日本図書館協会障害者サービス委員会　野村美佐子

　今回の「読みやすい（easy-to-read）図書のためのIFLA指針（ガイドライン）」の改訂作業にかかわることになったのは，筆者が1999年から2002年までIFLA（International Federation of Library Associations and Institutions：国際図書館連盟）における当時の委員会名で図書館利用に障害がある人々のための図書館（Library Serving Disadvantaged Persons：LSDP）分科会の常任委員会の委員（1999－2003）であったことにある。最初の「読みやすい図書のためのIFLA指針」は，スウェーデンの「読みやすい図書センター」の所長であるブロール・トロンバッケ（Bror Tronbacke）が中心となってLSDPにより1999年に発行された。

　筆者が所属する（公財）日本障害者リハビリテーション協会・情報センターがこのガイドラインに興味を持ち，2001年にその日本語版を冊子として出版し，同時に情報センターが運営する障害保健福祉研究情報システム（http://www.dinf.ne.jp）に掲載した。このことがきっかけとなって筆者は，実際に読みやすい図書づくりを試み，改訂作業グループにも加わることになった。今回，この改訂版の日本語化にあたり，IFLAにおける障害者サービスにかかわる2つの委員会の活動を紹介してみたい。

　IFLAは，1927年に設立された，図書館・情報サービス，および利用者の利益を代表する非営利の国際組織で，155か国，1,700団体の会員（2011年11月現在）がおり，本部はオランダのハーグにある。その目的は，国際的な動きに対して図書館員の代弁者となること，図書館の専門職員の継続的な教育を推進すること，また図書館サービス

のガイドラインを開発，維持および促進することにある。IFLA において，障害者関連の分科会は LSN（Library Services to People with Special Needs：特別なニーズのある人々に対する図書館サービス）と LPD（Library Serving Persons with Print Disabilities：印刷物を読むことに障害がある人々のための図書館）がある。2008 年に IFLA の組織変更があるまでは，LSN も LPD も一般市民にサービスを提供する図書館部会（Division on Libraries Serving the General Public）に属し，公共図書館等の特別なニーズに関する調査・研究を担当していた。

特別なニーズのある人々に対する図書館サービス分科会（LSN）

　LSN は，図書館サービス部会（Division of Library Services）に属する。IFLA 最古の分科会で，1931 年に病院図書館小委員会（Sub-committee on Hospital Libraries）として創設された。病院にいる，通常の図書館資料を利用できない人々に対する専門的な図書館サービスの提供が目的であったが，活動を通して入院の直接の理由ではないが，さまざまな障害のために特別な資料やサービスを必要としている患者の存在に気がついた。1976 年には，入院患者および障害のある読者に対する図書館サービス（Library Services to Hospital Patients and Handicapped Readers）分科会となった。また 1980 年代からは，それまで重視していなかった図書館利用において障害がある人々に対する図書館サービスについて国際的な関心が高まっていった。そのため，対象は，病院患者，受刑者，老人施設に入所している高齢者，在宅患者，聴覚障害者，身体および発達障害者など広範囲になっていった。そのような状況を反映して，入院患者および障害のある読者に対する図書館分科会は，LSDP（Libraries Serving Disadvantaged Persons：図書館利用において障害がある人々のための図書館）に 1984 年に名称を変更した。さらに，2008 年に，現在の分科会活動をより反映し，その対象領域の広がりと専門用語の変化を理由に現在の名称の LSN に変更した。

LSNは，各分野で幅広い専門知識を持つ常任委員がおり，特別なニーズのある人々に対する図書館サービスのガイドラインの開発を続けている。それらは，多くの言語に翻訳されて，これまでLSNから出版されたIFLA専門報告書（Professional Report）の50パーセント近くを占める。
　次のようなガイドラインが日本語でも翻訳されている。

- 読みやすい図書のためのIFLA指針，1997年発行
  ブロール・トロンバッケ編
  （日本障害者リハビリテーション協会情報センター研究情報課訳　日本障害者リハビリテーション協会　2001年発行）
  http://www.dinf.ne.jp/doc/japanese/access/easy/ifla.html
- IFLA病院患者図書館ガイドライン2000
  ディスアドバンティジド・パーソンズ図書館分科会作業部会編
  （日本図書館協会障害者サービス委員会訳　日本図書館協会　2001年発行）
- 聴覚障害者に対する図書館サービスのためのIFLA指針　第2版　2000年発行
  ジョン・マイケル・デイ編
  （日本図書館協会障害者サービス委員会聴覚障害者に対する図書館サービスを考えるグループ訳　日本図書館協会　2003年発行）
- ディスレクシアのための図書館サービスのガイドライン，2001年発行
  ギッダ・スカット・ニールセン／ビルギッタ・イールヴァール編
  （日本障害者リハビリテーション協会訳　日本障害者リハビリテーション協会　2003年発行）
  http://www.dinf.ne.jp/doc/japanese/access/easy/gl.html
- 認知症の人のための図書館サービスガイドライン，2007年発行
  ヘレ・アレンドルップ・モーテンセン／ギッダ・スカット・ニール

セン編
(日本障害者リハビリテーション協会訳／高島涼子監訳　日本障害者リハビリテーション協会　2009年発行)
http://www.dinf.ne.jp/doc/japanese/access/info/dementia_iflaprofrep104.html

印刷物を読むことに障害がある人々のための図書館（LPD）分科会

　LPDは，以前，盲人図書館分科会（Libraries for the Blind Section：LBS）と呼ばれていた。LBSは，従来SLB（Section of Libraries for the Blind）と呼ばれており，LSNの前身から1997年に分離独立した。

　2008年以降は館種部会（Division of Library Types）に属し，視覚障害者に対するサービスを主としていた。しかし，2001年の「EU指令」に従って，欧州各国が，著作権法を改正し通常の印刷物では読めない障害（プリントディスアビリティ）を対象とした図書館サービスに関心を持ち，取り組みを始めた。その背景には，1996年に同分科会を常任委員が中心となって設立したDAISYコンソーシアムによる，DAISYの発展があった。その結果として，2008年に現在の分科会名に変更されている。

　また，LPDに加盟する欧州の国立点字図書館等は，視覚障害者だけでなく，読むこと・理解することが困難な人たちすべてを対象として，公共図書館との連携，出版社とのパートナーシップによるアクセシブルな出版の取り組みを始めている。

　さらに，DAISY図書などアクセシブルな出版物の国際的な相互貸借を可能にするためにグローバル・ライブラリープロジェクトを立ち上げた。現在，その推進を阻む著作権法の問題を解消するために世界盲人連合など当事者団体と協力して，WIPO（World Intellectual Property Organization：世界知的所有権機関）に対して強制力のある条約（Binding Treaty）の設立を目指した活動を行っている。

　なお，IFLA-LPDによる，"International Directory of Libraries for

the Blind-4th Edition-"（英語）の更新・管理は，日本障害者リハビリテーション協会が行っている。

参考文献
Panella, Nancy. The Library Services to People with Special Needs Section of IFLA：an historical overview. *IFLA Journal.* 2009, 35(3), p. 258-271.
野村美佐子「第2章：IFLAから見る世界の図書館における障害者サービスの動向」『公共図書館における障害者サービスに関する調査研究』国立国会図書館，2012年3月，p.10-14.

読みやすい図書のための IFLA 指針（ガイドライン）
改訂版

2012 年 6 月 1 日　初版第 1 刷発行

編　者：国際図書館連盟特別なニーズのある人々に対する図書館サービス分科会
　　　　野村美佐子，ギッダ・スカット・ニールセン，ブロール・トロンバッケ
　　　　編
監訳者：日本図書館協会障害者サービス委員会
訳　者：公益財団法人　日本障害者リハビリテーション協会
発行者：社団法人　日本図書館協会
　　　　〒 104-0033　東京都中央区新川 1-11-14
　　　　Tel 03-3523-0811 ㈹　Fax 03-3523-0841
印刷所：㈲吉田製本工房　㈲マーリンクレイン

JLA201207　　Printed in Japan
ISBN978-4-8204-1205-2
本文書体にヒラギノ UD 角ゴ，欧文・数字 Arial を使用しました。
本文の用紙は中性紙を使用しています。
※翻訳・刊行については国際図書館連盟（IFLA）の許諾を得ています。